Poemas de Georgia

The Georgia Poems

VÍSPERA DEL SUEÑO

Colección de Poesía

(Homenaje a Aida Cartagena Portalatín)

(Homage to Aida Cartagena Portalatín)
Poetry Collection
DREAM'S EVE

Alexandra Newton Ríos

POEMAS DE GEORGIA

THE GEORGIA POEMS

Nueva York Poetry Press LLC
128 Madison Avenue, Oficina 2RN
New York, NY 10016, USA
Teléfono: +1(929)354-7778
nuevayork.poetrypress@gmail.com
www.nuevayorkpoetrypress.com

Poemas de Georgia/The Georgia Poems
© 2024 Alexandra Newton Ríos

ISBN-13: 978-1-958001-99-8

© Translator:
Alexandra Newton Ríos

© Prologue & Blurb:
Mónica Sarmiento Archer

© *Dream Eve Collection / Colección Víspera del Sueño vol. 02*
(Homage to Aída Cartagena Portalatín)

© Editor in Chief & Publisher:
Marisa Russo

© Editor:
Francisco Trejo

© Epilogue:
Narges Anvar

© Cover Designer:
William Velásquez Vásquez

© Layout Designer:
Agustina Andradre
Moctezuma Rodríguez

© Cover photograph:
Francesca Susana Rios Newton

© Artwork:
Students of The Kew Forest School

© Sponsor:
Bicultural **Com**munity of the **A**mericas

Newton Ríos, Alexandra
Poemas de Georgia/The Georgia Poems / Alexandra Newton Ríos. 1ª ed. New York: Nueva York Poetry Press, 2024, 148 pp. 5.25" x 8".

1. Argentinian Poetry.   2. Hispanic American Poetry

All rights reserved. No part of this publication may be reproduced, distributed, or transmitted in any form or by any means, including photocopying, recording, or other electronic or mechanical methods, without the prior written permission of the publisher, except in the case of brief quotations embodied in critical reviews and certain other non-commercial uses permitted by copyright law. For permissions contact the publisher at: nuevayork.poetrypress@gmail.com

PRÓLOGO

**Poesía cromática:
un diálogo con Georgia O' Keeffe**

Una obra de arte nos invita primero a ser observada, reflexionar y posteriormente darle vida propia desde nuestra percepción, y es aquí que nos transformamos de observador a compartir la obra desde nuestra sensibilidad, desde nuestra interpretación. Nos introducimos en la obra de Alexandra Newton Ríos para reflexionar con ella, describir su contenido, imaginar un diálogo entre aquellos que admira desde una voz interior activa.

En su obra Alexandra nos invita a reflexionar ante la liberación de las reglas, para que la poeta pueda escribirlas, y con la palabra re-interpretarlas. En este encuentro con O' Keeffe la artista pinta, ambas sin perder la inocencia de la niñez "florecer a la experiencia de la vida", cada una se refugia en ese horizonte interminable de vivencias, "flotan con las más livianas alas" para encontrar la palabras y adentrarse con fortaleza a la "cuna de la independencia". Dos mujeres artistas de distintas generaciones que se han embarcado en una experiencia desde la óptica de la distancia, creando "un lente para pintar la aurora en las fronteras".

La poeta da vida al diálogo con Georgia en febrero de 2022 durante la primavera fría de Nueva York, sentada un día en un banco del Hudson River Park donde se puede ver el río Hudson y la puesta de sol es ahí que empezó a escribirle a Georgia, o mejor dicho a confesar sus inquietudes y preguntas, ¿cómo encontrar el tiempo para escribir?, ¿cómo dedicarse a la escritura cuando se enseñaba? Y todo esto ¿cómo compaginar un full time a estudiantes exigentes del secundario? de cinco cursos de español.

Escribir un libro de poesía es un acto intimista que se comparte con el mundo, se hace del otro. En el poema #27, Alexandra se inspira en dos obras de Georgia O'Keeffe quien nació el 15 de noviembre de 1887 en Sun Prairie, Wisconsin y murió el 6 de marzo de 1986 en Santa Fe, New Mexico. Cautiva por la obras de O'Keeffe, que observó tanto en el Museo Metropolitano: *From the Faraway Nearby* y *Pelvis Studies*, como también la exhibición en el Museo de arte moderno llamado *Georgia O'Keeffe: To See Takes Time* en la primavera de 2023, inspiró a *Los poemas de Georgia*. En la exhibición la poeta pudo notar la manera en que Georgia permite la repetición de sus líneas, este acto le dio libertad para escribir el poema en 34 partes.

Este encuentro con la obra de O'Keeffe nace inspirado en esta mujer que rompió con el realismo después de estudiar las ideas de Arthur Wesley Dow. Como pionera estadounidense la pintora práctico la pura abstracción. Su arte es un reflejo donde se expresa sus propias ideas y pensamientos cercanos al origen de la vida, de la identidad y sobre todo de la cultura de Nuevo México que supo transmitir. En 1929, fue cuando por primera vez vio el paisaje de la región que la cautivó por el resto de su vida, junto al arte indígena lo que la inspiró a pasar tiempo creando un arte personal, como las montañas del Perú y el Monte Fuji en Japón, en sus pinturas se desmenuzan las flores, huesos, los rascacielos de la Ciudad de Nueva York, nubes y ríos, formaron parte de su permanente hogar.

Anteriormente cuando la poeta escribió *Hacia un norte de almas* /Towards a North of Souls (a creative nonfiction memoir) dirigido a tres mujeres - Georgia O'Keeffe, la Virgen María y a Hannah Arendt, Alexandra tiene 5 hijos, buscaba de ellas consejos sobre la maternidad y en *Poemas a Georgia* evoca a la presencia de la artista pidiendo consejos sobre ¿cómo ser artista?.

La poeta confiesa que en cierto momento sus poemas a Georgia empezaron a pintar con palabras las inquietudes y a compenetrarse con la postura de Georgia como artista. Se ve en # 20, #24, # 25, esto significó un cambio gradual en su forma de escribir. La poesía de Alexandra parte de la reflexión de Georgia O'Keefe de su manera de experimentar con una visión, de acercar la distancia para estudiarla. Estas dos creadoras dejaron huellas en lugares especiales en New York. O'Keeffe, se introdujo entre artistas en la Liga de Estudiantes de Arte en Nueva York de 1907 a 1908 y con el apoyo de su mentor de arte y fotógrafo de renombre Alfred Stieglitz, con quien luego se casó, continuó construyendo un mundo dedicado a la creación artística.

Cuando presentó la idea de hacer un proyecto junto con la educadora Narges Anwar y sus estudiantes en la primavera de 2022, empezó a escribir poemas a las pinturas de los estudiantes de Kew Forest School en Queens porque las flores de los estudiantes para ella tenían vida. Fue una nueva experiencia, los poemas de Alexandra Newton Rios salieron enteros y eran como si las flores mismas le hablaran. En este poemario se entremezcla las pinturas de los estudiantes con sus poemas a Georgia O'Keeffe y con este acto de integración honrar la inocencia de los estudiantes que no temen hacer algo nuevo.

Pero si hay algo que verdaderamente identifica a Alexandra con Georgia O'Keeffe, es la celebración de la vida, porque O'Keeffe vivió hasta los 99 años en una constante creación, desde su visión del horizonte creó un arte profundo y serio, sin contaminarse, sin permitir la distracción de su optica y visión de un mundo que ellas lo comparten, y en sus creaciones se aprecia la fusión de arte y poesía.

MÓNICA SARMIENTO-ARCHER, PHD.
Hofstra University, 2024

PROLOGUE

Chromatic Poetry:
A Dialogue with Georgia O'Keeffe

A work of art invites us first to be observed, to reflect and posteriorly to give it its own life from our perception, and it is here that we are transformed from observer to sharing the work from our sensibility, from our interpretation. We enter the work of Alexandra Newton Rios to reflect with her, describe its contents, imagine a dialogue among those who admire from an active interior voice.

In her work Alexandra invites us to reflect before the liberation of rules so that the poet may write them, and with words reinterpret them. In this encounter with O'Keeffe the artist paints, both without losing childhood's innocence "to blossom to the experience of living," each one finds refuge in that interminable horizon of experiences, "to float with the lightest of wings" to find words and penetrate with strength the cradle of independence. Two women artists from different generations who have embarked on an experience from the optics of distance creating "a lens to paint dawn's frontiers.

The poet brings the dialogue with Georgia to life in February 2022 during the cold spring of New York, sitting one day on a bench in Hudson River Park where you can see the Hudson River and the sunset. It was there that she began to write to Georgia, or rather to confess her anxieties and questions. How to find time to write? How to dedicate oneself to writing when one teaches? And all this, how to combine a full-time job with demanding high school students? From five Spanish courses.

To write a book of poetry is an intimate act which is shared with the world, becomes the other's. In # 27 Alexandra is inspired by two works of Georgia O'Keeffe who was born on the 15th of November, 1887 in Sun Prairie, Wisconsin and died on the 6th of March of 1986 in Santa Fe, New Mexico. Captivated by the work of O'Keeffe which she observed not only in the Metropolitan Museum: *From the Faraway Nearby* and *Pelvis Studies*, but also at the exhibit of the Museum of Modern Art called *Georgia O'Keeffe: To See Takes Time* in the spring of 2023 led to *The Georgia Poems/ Poemas a Georgia*. In the exhibit the poet noted the manner in which Georgia permitted the repetition of her lines. This act gave her freedom to write a poem in 34 parts.

This encounter with the work of O'Keeffe is born inspired by this woman who broke with realism after studying with Arthur Dow. As a North American pioneer, the painter practiced pure abstraction. Her art is a reflection where her own ideas and thoughts are expressed close to the origin of life, of identity, and above all, the culture of New Mexico which she knew how to transmit.

In 1929 she saw for the first time the landscape of the region which captivated her for the rest of her life together with indigenous art which spurred her to spend time creating a personal art, like the mountains of Peru and Mount Fuji in Japan. In her paintings flowers, bones, New York skyscrapers, clouds, rivers formed part of her premanent home. Previously when the poet wrote *Hacia un norte de almas/Towards a North of Souls* (a creative nonfiction memoir) directed towards 3 women – Georgia O'Keeffe, the Virgin Mary and Hannah Arendt, Alexandra has 5 children, she searched for advice about motherhood and in *The Georgia Poems* she evokes the presence of the artist to ask her advice about how to be an artist.

The poet confesses that at a certain moment her poems to Georgia began to paint with words her inquietudes and to become convinced by the posture of Georgia as an artist. This is seen in # 20, #24, #25 signifying a gradual change in her form of writing. Alexandra's poetry stems from Georgia O'Keeffe's reflection in her manner of experimenting with vision, to bring distance closer in order to study it. These two creators left special tracks in New York. O'Keeffe mixed with artists at The Art Students League of New York from 1907-1908 and with the support of her art mentor and renowned photographer Alfred Stieglitz whom she married, she continued to construct a world dedicated to artistic creation.

When Alexandra presented the idea to create a project with educator Narges Anwar and her students in the spring of 2022, she began to write poems to the paintings of Kew Forest School students because to her the flowers of the students had life. It was a new experience. The poems of Alexandra Newton Rios appeared whole and it was as if the flowers themselves were speaking. In this poetry book the paintings of the students are intertwined with her poems to Georgia O'Keeffe and with this act of integration she honors the innocence of students who aren't afraid to do something new.

But if there is really something that truly identifies Alexandra with Georgia O'Keeffe it is the celebration of life, because O'Keeffe lived to be 99 in constant creation, from her vision of the horizon she created a profound and serious art, without contaminating herself, without permitting the distraction of her point of view and vision of a world they both share, and in their creations the fusion of art and poetry is appreciated.

MONICA SARMIENTO-ARCHER
Hofstra University

Palabras de la poeta

Fui a Georgia O'Keeffe para embarcar en un diálogo con una mujer artista quien había dedicado su vida a su arte, se había despertado temprano cada mañana en Nuevo México para pintar la distancia. Yo he vivido la mitad de mi vida en la Argentina tierra de mi madre y Abuela Paula, habiendo seguido un hombre para nacer a mi familia de cinco en San Miguel de Tucumán, lejos de la ciudad de Nueva York donde nací, para encontrar que fue aquí, lejos de los centros literarios, en la cuna de la independencia que podría como Georgia traer un lente a la distancia, escribirla, vivirla. Georgia O'Keeffe, Hannah Arendt, Oriana Fallaci, la Virgen Maria me dieron fuerza en mi tarea. El amor es todo.

Alexa – Francesca – Robert – Isabella – Gabriel – Mamita

THE POET'S WORDS

I went to Georgia O'Keeffe to engage in a dialogue with a woman artist who had devoted her life to her art, had woken up early every morning in New Mexico to paint distance. I have lived distance for half of my life in Argentina, land of my mother and Abuela Paula, having followed a man to birth a family of five in San Miguel de Tucuman, far from New York City where I was born, only to find that it was here, far from the literary centers of the world in *la cuna de la independencia* that I would be able like Georgia to bring a lens on distance, write it, live it. Georgia O'Keeffe, Hannah Arendt, Oriana Fallaci, the Virgin Mary gave me strength in my task. Love is all there is.

ALEXA – FRANCESCA – ROBERT – ISABELLA – GABRIEL – MAMITA

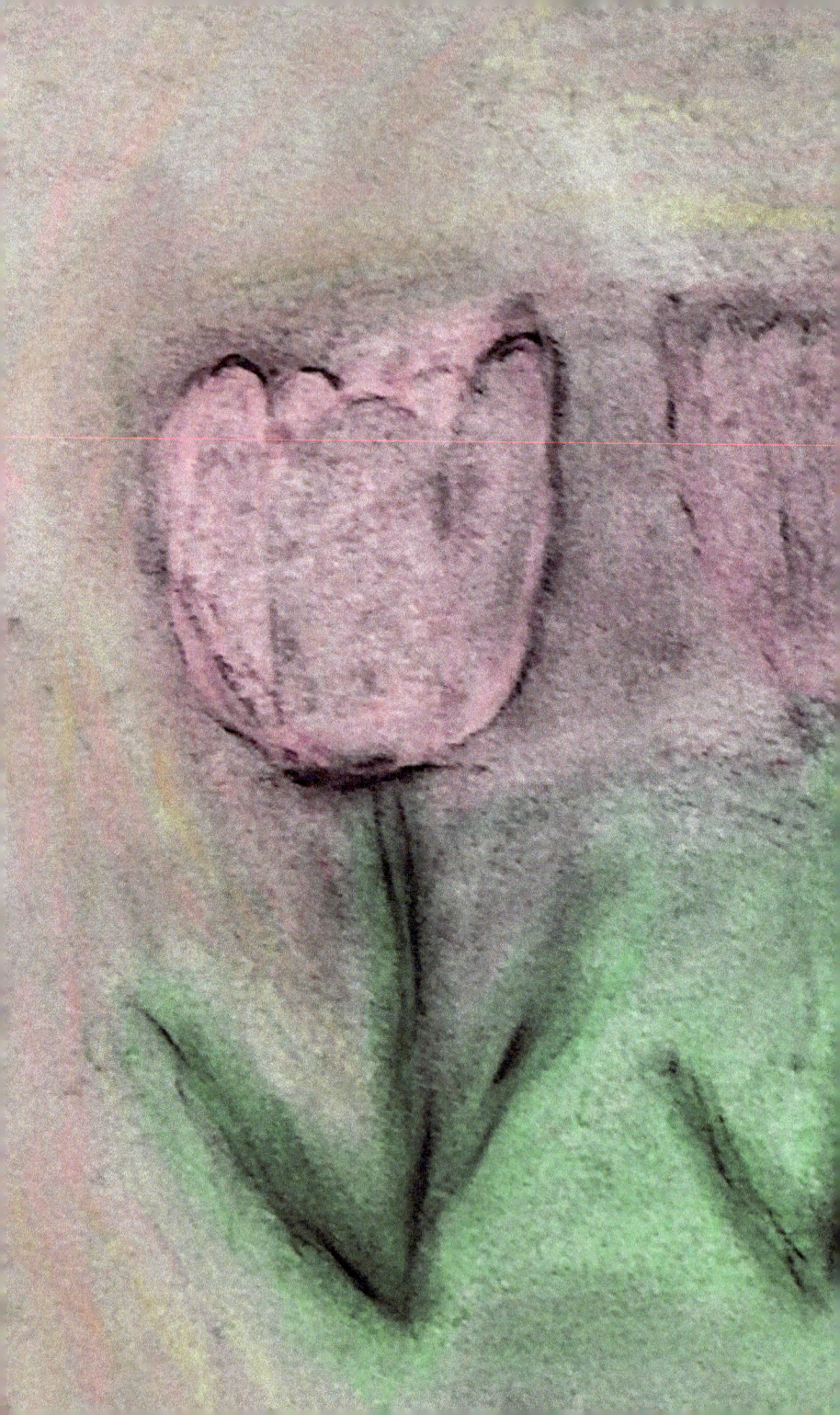

INACABADO

1.

[1] *Sebastien 10th grade*

Por supuesto una flor
podría moverse
podría bailar
por el pasto
por el lienzo
de nuestras vidas
completamente vestida
del rosa más sutil
diciendo estoy aquí
estoy aquí
salten conmigo
ahora.

---

[1] El arte está hecho por estudiantes de Kew Forest School, Queens, New York y su maestra de arte y artista Narges Anwar durante su respectivo año escolar en abril, 2022, mes nacional de poesía.

Unfinished

1.

[2] Sebastien 10th grade

Of course a flower
could move
could dance
across the grass
across the canvas
of our lives
completely dressed
in the gentlest of pink
saying I am here
I am here
leap with me
now.

---

[2] All artwork is by Middle and High School students from The Kew Forest School in Queens, New York and their teacher and artist Narges Anwar during their respective grade in April, 2022, National Poetry Month.

2.

¿Querías que el momento perdure
mientras el crepúsculo se parara
y ardiera y con algunas cerdas sueltas
de tu pincel recogiera el tiempo,
lo parara para estudiar su forma
su profundidad?

2.

Did you want the moment to linger
while sunset stood
and blazed and with the stray bristles
of your paint brush gather time,
stop it to study its shape
its depth?

3.

¿Pensaste en la inocencia
tú que ya habías decidido de joven
que amoldarías tu vida
para que los pensamientos encontraran
los paisajes, los desiertos españoles
landscapes como los pasos,
y hablaran juntos?
Había demasido ruido
      por todas parte.
Al dejar Sun Prairie
decidiste apoderarte de tu vida
y pintar tus emociones
para que conocieran las flores.

3.

Did you think about innocence
you who had already decided young
that you would shape your life
so that thoughts could meet
landscapes, Spanish desert
paisajes like passages,
and speak together?
There was too much chattering
      everywhere.
Having left Sun Prairie
you decided to seize your life
and paint your emotions
to meet flowers.

4.

Ersida 12th Grade

Viaja este laberinto sin cesar conmigo
más y más adentro.
No tengas miedo de la profundidad
de lo desconocido
lo inesperado.
Soy la rosa azul-violáceo
el color del viaje.
Vengo de lejos.
Cargamos todo lo que necesitamos
dentro de nosotros.

4.

Ercida 12th grade

Travel this endless maze with me
further and further inward.
Do not be afraid of depth of
the unknown
the unexpected.
I am blue-violet rose
the color of traveling.
I come from far away.
We carry all that we need
      within us.

5.

¿Por qué todavía acudo a alguien mayor
que yo para sondar
las ideas
para probar su coraje
contra otra mujer
que ha vivido más que yo hasta ahora?
¿Por qué acudo a ella para ver
como contiene el tiempo
lo desafía
lo cuida
lo respeta
para trabajar con el tiempo
todos los días?
Despertaste.
Hacía frío todavía en la oscuridad azul.
antes del alba
Estabas lista para trabajar.
Yo estoy lista para trabajar.
Mientras empiezas tu día,
yo también empiezo,
lista para extraer

5.

Why do I still go to someone older
than me to sound
ideas out
to test their mettle
against another woman
who lived longer than I am now?
Why do I go to her to see
how she holds time
defies it
cherishes it
respects it
so as to work with time
every day.
You woke up to the day beginning.
It was still cold in the blue dark
before dawn.
You were ready to work.
I am ready to work.
As you begin your day
I, too, begin
ready to cull

lo necesario de lo innecesario.
de hallar alegría en palabras
que flotan con las alas más ligeras
mientras caen por el cielo de la madrugada
mientras descargo
el constante llanto de ayuda de otra mujer
bajo arrogantes acusaciones
contra su hermano,
aprendiendo a escuchar sin juzgar
al hermano y a la hermana
mientras se enfrentan
en su danza hasta la muerte.
Algunas veces el silencio es lo mejor.

the necessary from the unnecessary
to find joy in words
that float with the lightest of wings
as they fall through the early morning sky
as I let go
another woman's constant cry for help
beneath arrogant accusations
against her brother
learning to listen but not judge
brother or sister
as they battle each other
in their dance to the death.
Sometimes silence is best.

6.

Déjame que te cuente sobre la maternidad,
   Georgia,
Cada hijo fue como uno de tus cuadros
largo tiempo gestado
hasta que al fín, salió entero
nuevo y en si mismo.
Recuerdo mi asombro
ante la llegada de cada hijo,
el diálogo natural con cada uno
cuando de repente nacía
un nuevo compañero para compartir mi vida.
¿Sentiste lo mismo con tus cuadros?
¿Empezaste una conversación constante
con cada uno, siempre nueva,
que una vez comenzada no terminaría
como yo con mis hijos, aun por
los silencios de sus 20's
mientras se descubren a sí mismos lejos de mí?
¿Vive una pintura más allá de su pintor?

6.

Let me tell you about motherhood,
      Georgia.
Each child was like one of your paintings
gestated for a long time
until it came out whole
new and itself.
I remember my amazement
with each child's appearance
the natural dialogue with each one
when suddenly born
a new companion to share my life with.
Did you feel that way about your paintings?
Did you begin a constant conversation
with each one that was new
that once begun would not end
like me with my children even through
the silences of their 20's
as they discover themselves away from me.
Does a painting live beyond its painter?

No tenía tiempo que perder,
diciendo *adiós* porque
me vi obligada
a elegir una vida de movimiento
por circunstancias y propia voluntad
como tú con *Lake George*
y *Ghost Ranch*
donde despedirse era una presencia
y cada instante amado por sí mismo,
plenamente, como mis hijos.

I did not have to waste time
saying goodbyes because
I was forced
to choose a life of movement
due to circumstance and choice
like you with Lake George
and Ghost Ranch
where leaving was a presence
and each moment loved for itself
fully like my children.

7.

¿Qué fue lo que te atrajo?
¿Cómo te sentiste llamada?
¿Cuál era el llamado?

7.

What attracted you?
How did you feel called?
What was the calling?

8.

¿Qué era la belleza para ti?
¿Yacía derramada por el suelo
como pétalos de lila tras la lluvia
cuando repentinamente los encontré
subiendo por la curva del camino
a las seis de la mañana en Central Park?

8.

What was beauty for you?
Did it lay sprawled across the ground
like lilac petals after the rain
when I came upon them suddenly
running up a bend of the road
at 6:00 AM in Central Park?

9.

Narges Anvar artista

Soy la flor de los refugiados
flor de sabiduría.
Yo cargo sus secretos y como
ellos han aprendido a vencer
injusticia tras injusticia
en barcas pálidas
viajando lejos de casa
Siempre en movimiento
porque ahora no es el momento
para el silencio tranquilo de una tarde
sino para el pálido luto azul
por lo que fue, por lo que ya no es
para que nos transformemos
en lo que es.

9.

Narges Anvar artist

I am the flower of the refugees
flower of wisdom.
In fragrance I carry their secrets
and how they have learned to overcome
injustice after injustice
in small pale rowboats
traveling away from home
Always in movement
for now is not the time
for the quiet stillness of an afternoon
but pale blue mourning
for what was,
so that we can become
what is.

10.

¿De qué tenías miedo?
¿Te mantenía despierta por la noche
con los ojos abriéndose de golpe
húmedo tu cuerpo
en la quietud de la oscuridad,
para hablar con Dios y encontrar respuestas
que aparecían frescas del inconsciente?
Tuviste que dejar ir las distracciones,
aunque eras alta y delgada
Debías escuchar cómo el color te respondía
era tan bello
como una conversación, o incluso más,
para hablar con sus propios matices

10.

What did you fear?
Did it keep you awake at night
eyes opening suddenly
your body damp
in the still dark
to speak to God and find answers
that appeared fresh from the unconscious?
You had to let go of distractions
though you were tall and lean.
Had to listen to color speak back to you
that was as beautiful
as conversation or more
to speak with its nuances.

11.

Es la preparación
para la cual reunimos fuerzas.
La preparación requiere tiempo
para crear lo nuevo,
para amoldar el tiempo indispensable
de la preparación, la calma necesaria
para abrirnos a lo inesperado.
Nuestras madres no nos enseñaron,
del silencio lo necesario
como un chal sacudido
                estirado
al chasquido crujiente de la tela
azotada contra al aire,
para alisar sus pliegues
para ordenar
lo que necesita ser ordenado.

11.

It is the preparation
for which we gather strength
preparation takes time
to make something new
to shape the time necessary
for preparation, the calm needed
to be open to the unexpected.
Our mothers did not teach us about
the quiet needed
like a shawl shaken
> *estirado*

with the crisp sound cloth makes
when snapped against air
to take out its wrinkles
to set in order
what needs ordering.

12.

Escribirte me ayuda.
Necesito una mujer fuerte
que no acepte tonterías
que sepa lo que tiene que hacer por su arte
como escuchar sin permitir distracciones.
Necesito aprender a disciplinar una clase,
para que mis alumnos aprendan
sin obstáculos
a adueñarse del idioma,
a volar con él y hacerlo suyo
mientras trazo normas que los liberen,
no para desvanecer su niñez sino
para hacerla florecer
para que yo pueda escribirla
para que tú puedas pintarla.

12.

Writing to you helps.
I need a strong woman
who takes no nonsense
who knows what she has to do for her art
how to listen without permitting distraction.
I need to learn how to discipline a class
so that they learn
without impediments
to take on a language
fly with it make it theirs
while I give them rules that free them
not to lose their childhood but
to blossom it
so that I can write it
so you can paint it.

13.

¿Cómo das forma a tu visión con color,
como yo con palabras?
Cómo esperabas recibir una visión,
pero a veces esperar es imperceptible,
porque la visión llega en un instante
y las palabras surgían
cuando eran necesarias
y se ajustaban a la perfección
como los colores que elegiste
se arremolinaban con tus pinceladas
a la vida.

13.

How you shape your vision with color
like me with words?
How you waited to receive insight
but sometimes waiting is imperceptible
as vision arrives in a flash
and words appeared
when needed
and perfectly fit
as the colors you chose
swirled with how you stroked
into life.

14.

Rick 12th grade

Desde nuestro centro
crecemos hacia afuera.
Una flor lo entiende.
Enroscada en sí misma
se lanza al exterior
blanca, punta rosada
pétalo tras pétalo blanco
girando como molinillo.

14.

Rick 12th grade

It is from our core
that we grow outwards.
A flower knows this.
Curled around itself
to thrust pushes outwards
white, pink-tipped
petal after white petal
swirling like a pinwheel.

15.

Nunca tuve que pensar del color
de mi piel.
Era bilingüe
y diferente pero diferente
era especial porque podía moverme
entre idiomas, deslizarme.
No había *what if*
pero sí el empeño de ser algo más
que el yugo de estar casada
con alguien que no me amaba.
¿Cuál es el color de la traición
tras la traición?
¿Profundiza el pigmento
se convierte en el color de la tristeza
que recurrió a la policía
para librarme de las líneas invisibles
que habían encadenado mi maternidad
una esclavitud oscura
como la negra noche?

15.

I never had to think about color
of my skin.
I was bilingual
and different but different
was special because I could move
between languages *deslizarme*.
There was no what if
but there was striving to become more
than the bondage of being married
to someone who did not love me.
What is the color of betrayal
after betrayal?
Does it deepen pigment
become the color of sadness
which resorted to the police
to rid me of invisible lines
that had chained my motherhood
bondage dark
as black night?

16.

No podemos vivir en cautela
prediciendo nuestro comportamiento.
Así es el color,
No puedes predecir sus infinitos matices.

16.

We can not lead a life of precaution
predicting our behavior.
Color is the same,
you can not predict its many shades.

17.

Hannah 8th grade

Lloramos por nuestras semillas
para que se hagan más,
para que sientan tanto el sol como la lluvia,
para que el viento nos impulse
hacia lo que podemos ser.
Abrimos nuestros pétalos
como los más diminutos picos de pájaros
para recibir todo lo que el día nos dará.

17.

Hannah 8th grade

We cry for our seeds
to become more
to feel the sun, the rain,
the wind burst us into all
that we can be.
We open our petals
like the tiniest of mouths of birds
to receive all that the day will give.

18.

Todos amamos el movimiento, Georgia,
pienso mientras observo el agua delizarse
por los oscurecidos astilleros del Hudson
en la luz refulgente de constante movimiento
terminando el día,
ninguna onda es igual a otra.
y me pregunto
si pensaste en el movimiento,
tú que observabas la luz y el color,
pero no guiabas a otros a hacer lo mismo.
¿Te conmovieron los paisajes?
Yo vivo el cambio en todas partes.
Tú pintastes paisajes y flores
que parecían pausar el momento
para que tuvieras la oportunidad de capturalos
y así detener el movimiento por un instante
para que nosotros sintamos
el parar del tiempo
en busqueda de un cambio.

18.

We all love movement, Georgia,
I think as I watch water move
past darkening Hudson dockyards
in the shimmering light of constant movement
at the end of day
no ripple the same
and wonder
if you thought of movement
who watched light and color
but did not mentor others to do the same.
Did landscapes move for you?
I live change everywhere.
You painted landscapes and flowers
that seem to pause
so that you might chance to capture them
and stop movement for a moment
for us to feel
time stop
for a change.

19.

Siento que la vida real ocurre
más allá del aula, Georgia.
Trato de darles a los alumnos
experiencias reales
que están estructuradas.
Dentro de una estructura creamos.
Las cuatro paredes del lienzo
eran tu estructura
cuyos bordes
estiraste y clavaste
sobre el marco
para darle profundidad al lienzo,
tal como yo intento
estirar las paredes del aula
hasta alcanzar el mundo.

19.

I feel that real life occurs
outside the classroom, Georgia.
I try to give students
real experiences
within a classroom that is structured.
Within structure we create.
Your structure was the four walls
of a canvas
whose four edges
you stretched out and nailed
across a frame
so that you might give canvas depth,
like I try to do
stretch classroom walls
to reach the world.

20.

Acudimos al lienzo, al papel
en busca de paz
para pintar y escribir nuestras vidas,
hacer crecer nuestras vidas
para así encontrarnos con las vidas de otros
incluso de hijas que exigen atención.
Mi primogénita siempre quería mi atención.
Entonces, Georgia
¿Cómo guiaré a mi hija ahora?
¿Qué es lo que verdaderamente necesita?
Aprender la tranquilidad y la paz
ante los obstáculos
respondes tú.

20.

We go to canvas, to paper
for peace
to paint, write our lives
grow our lives so
as to meet the lives of others
even daughters demanding attention.
My eldest always wanted my attention.
So how shall I guide my daughter now,
Georgia?
What does she truly need?
To learn tranquility and peace
within obstacles
you answer.

21.

¿Por qué acudo a ti,
una mujer que nunca tuvo hijos,
a pedir consejo?
¿Es porque pasaste
toda tu vida dedicada a tu arte,
lo cultivaste, lo nutriste,
te hiciste conocida en el mundo
y dejaste un legado
para que yo lo siguiera?

21.

Why do I go to you,
a woman who never had children
to ask for advice?
Is it because you spent
your whole life with your art
grew it, nurtured it,
became known in the world
and left a legacy
for me to follow?

22.

En un poema no quiero escribir
las dudas diarias, los temores cotidianos,
la indecisión y las decisiones tomadas
luego con Dios fuerte en mi corazón.
A veces elijo no escribir
sobre Dios en los poemas
aunque Él siempre ha estado allí
desde que empecé a escribir.
Aún estoy aprendiendo
a encontrarme con el día,
a tallar palabras que transformen
lo particular en universal.
Tú capturaste el color,
contemplaste ferozmente una montaña
y creaste eternidad.

22.

In a poem I do not want to write
the daily doubts, daily fears,
the indecision and later decisions
taken with God strong in my heart.
Sometimes I choose not to write
about God in poems
though He is always there
since I first began to write.
I am still learning
how to meet the day,
carve words that make
the universal out of a particular.
You took color,
watched fiercely a mountain
and created eternity.

23.

Quizás sienta
que las distracciones de mis hijas
crean distancia de una postura,
a una forma de vida que había elegido;
pero en realidad, sus necesidades
y la manera en que las atiendo
crean la eternidad.
Mi lienzos son las acciones que tomo
al responder
como cuando dejé mi primer matrimonio
y caminé con determinación
por las amplias avenidas
de Washington, D.C.,
mientras que Dios era lo inesperado,
resolviendo obstáculos de maneras
tan variadas como los colores que plasmas.
Es una batalla desacelerarse
soltar
observar.
La batalla es el ejercicio
para el crecimiento.

23.

Maybe I feel
my daughters' distractions
create distance from a stance,
a way of life I had chosen,
but actually, their needs
and how I answer them
create eternity.
My canvases are the actions taken
as I respond
as when I left my first marriage
and strode down
the Washington D.C.
wide avenues
while God was the unexpected
resolving obstacles in ways
as varied as the colors you wield.
It is a battle to slow down
to let go
to observe.
That battle is a practice
for growth.

24.

¿Tiene el lienzo esta forma de vida,
una alquimia que transforma
la ignorancia en comprensión
como lo mágico que sucede en una clase
cuando los estudiantes comprenden
que cierta terminación de un verbo
en una lengua extranjera significa
tiempo y persona?

24.

Does canvas have this form of life
an alchemy transforming
ignorance into understanding
like the magical that happens in a class
when students comprehend
how a certain ending of a verb
in a foreign language means
time and person?

25.

Pincela con preguntas,
pues las preguntas crean la obra
que es el libro de nuestras vidas,
transforma el pensamiento en realidad.

25.

Brushstroke with questions
for questions create the painting
that is the book of our lives
transform thought into reality.

26.

Calienta los fuegos
del alma de una cultura.
El idioma es el alma de una cultura,
depositario de valores,
modo de racionalidad, historia,
sentido de humor y de las manifestaciones
artísticas de un pueblo.
Pinta con cenizas.

26.

Warm the fires
of the soul of a culture.
El idioma es el alma de una cultura,
depositario de valores,
modo de racionalidad, historia,
sentido de humor y de las manifestaciones
artísticas de un pueblo.
Paint with ashes.

27.

Los *Lightning Testimonies* se encuentran con *From The Faraway Nearby* y *Pelvis Studies*[3]

Queremos que nuestros testimonios
se conozcan
las violencias inesperadas -
queremos liberar nuestras historias
de paisajes que eran demasiado calmos
las violencias doblegadas
o nunca experimentadas,s
los huesos pélvicos dispersos
un lente para acercar lo distante.

---

[3] *The Lightning Testimonies* de Amar Kanwar. New Delhi, India. *From the Faraway Nearby* y *Pelvis Studies* de Georgia O'Keeffe. Nueva México. El Museo Metropolitano, Ciudad de Nueva York.

27.

The Lightning Testimonies
meets
From the Faraway Nearby
and *Pelvis Studies*[4]

We want our testimonies
to be known
the unexpected violences-
we want to free our stories
from landscapes that were too calm
the violences subdued
or never experienced,
the scattered pelvic bones,
a lens to bring the faraway nearby.

---

[4] *The Lightning Testimonies* by Amar Kanwar. New Delhi, India. *From the Faraway Nearby* and *Pelvis Studie*s by Georgia O'Keeffe. New Mexico. Metropolitan Museum, New York City.

¿Acaso alguna vez experimentaste la rabia?
La rabia de un hueso pélvico
empujándose en una niña
rompiendo sus entradas
la rabia de la niña joven
cuando es perforada,
convertida en vergüenza,
y el silencio de una tierra
que se partió en dos -
dos Pakistán y una India en 1947,
secuestrador y secuestrada en furia.
¿Dónde se ocultan las historias?
¿Por qué aún siguen furiosas?
¿Cuán lejos debemos ir para encontrarlas
para revelarlas?
Para transformar la rabia en algo
que pueda anclar la sociedad.
¿Cuál ese poder de nuestro testimonio
que no se puede conocer?

But did you ever experience rage?
The rage of a pelvic bone
thrusting into a young girl
breaking her entrances
the rage of the young girl
when she is pierced
turned into shame
and the silence of one land
that parted into two -
two Pakistans and one India in 1947
kidnapper and kidnapped raging.
Where are the stories hidden?
Why are they still raging?
How far away must we go to find them
to reveal them?
To transform rage in something
that can anchor a society.
What is the power of our testimony
that cannot be known?

28.

¿Cómo nos volvemos valientes
¿Cuál es su color?
¿Cómo te das a ti misma
suficiente desafíos
para afilar una cualidad
para pintarla?

28.

How do we become fearless?
What is its color?
How do you give yourself
enough challenges
to hone a quality
to paint it?

29.

¿Cómo supiste cómo continuar
cuando, de repente, continuar
no parecía una opción
cuando ocurrió algo que te detuvo
y te desvió del camino?
He sido bendecida cada vez
que fui desviada de una ruta
que había elegido.
Sabía descansar, esperar el día siguiente
donde el movimiento se reanudaría.
Tú, en cambio, te enfermaste
y en los meses de depresión reuniste
el deseo de continuar.
Qué frágil es continuar.
¿Cómo alimentamos un camino?

29.

How did you know how to continue
when continuing suddenly
did not seem an option
when something occurred that stopped
you and put you off track.
I have been blessed each time
I was *desviada* taken off a route
I had chosen.
I knew to rest to wait for the next day
where movement would resume.
You instead went into sickness
and months of depression to gather up
a desire to continue.
How fragile is continuing.
How do we feed a path?

30.

Amo las estructuras de la grámatica
con las cuales puedo crecer
como una cerca que me protege
de intrusos que malinterpretan
mis intenciones,
pero contra la cual puedo empujarme
para ser más,
para escuchar mejor.
¿Cuáles eran tus estructuras?
¿Los óleos y cómo los armonizabas
en nuevos colores?
¿Dónde colocabas las líneas
para crear perspectiva?
¿En cuál dirección proceder?
¿Aplicabas las capas de adentro hacia afuera
o de afuera hacia adentro?
¿Paleta y espátula o pincel?
La palabra *create* se insinuaba
en cada una de nuestras tareas diarias
Estos poemas vuelan a ti
y me pregunto por qué

30.

I love the structures of grammar
against which to grow myself
like a fence to protect me
from intruders misunderstanding
my intentions
but against which I might push myself to
become more
to listen better.
What were your structures?
Oil colors and the way they mix together
into new colors?
Where to place lines
so as to create perspective?
In which direction to proceed?
Did you layer from the inside out
or from the outside in?
Palette and knife or paint brush?
The word *create* insinuated itself
into each of our day's tasks.
These poems to you fly
and I ask God why?

¿Por qué esta conexión contigo?
¿Es el misterio del arte
ser descifrado,
comprendido,
para dar vida a lo nuevo
que te escribo
porque siento que las palabras
se asemejan a tu oficio?

Why this connection with you?
Is it the mystery of art
to be deciphered
understood
to bring the new into life
that I write to you
because I feel writing words
is kin to your craft?

31.

No podemos llevar
una vida de precauciones,
prediciendo el destino de nuestros actos.
El color es igual
No puedes predecir
sus múltiples matices.

31.

We cannot lead
a life of precautions
predicting the destiny of our actions.
Color is the same.
You cannot predict
its many shades.

32.

Ambas, usamos herramientas
para florecer algo nuevo
Las mías son palabras
las tuyas, carboncillo, óleos, acuarelas
pero ¿en qué se fija el zorro rojo
de Winslow Homer solo al atardecer
mientras dos grandes cuervos de ébano
ciernen su pausa en la nieve?
¿Acaso sabe que su muerte está cerca?
¿Está descifrando una estrategia
para eludir a sus enemigos
¿Y qué medita la mujer joven
al salir de su pequeña casa de madera
hacia la nueva mañana de Winslow Homer
a pesar de los soldados Confederados
que escoltan a un prisionero de guerra
de la Unión cerca de Andersonville?

32.

We both use tools
to flourish something new.
Mine are words
yours charcoal, oils, watercolors
but ¿what is Winslow Homer's red fox
watching alone in the late afternoon
while two large black crows hover above
his pausing in the snow?
Does he know his death is near?
Is he deciphering a strategy
to elude enemies?
And what is the young woman thinking
as she steps out of her small wooden house
into Winslow Homer's new morning
despite Confederate soldiers
escorting a Union prisoner of war
near Andersonville?

¿Acaso observa cómo la posibilidad
restringe la llegada de la libertad?
¿Tiene hijos?
¿Para quién trabaja?
¿Tiene una madre en quien confiar
los temores que lleva consigo
hasta el umbral?

¿Dónde dejaste los miedos, Georgia?
No hay tiempo para el miedo
Hay demasiado por hacer,
respondes de nuevo.

Does she watch possibility
curtail the arrival of freedom?
Does she have children?
Who does she work for?
Does she have a mother in whom to confide
fears carried with her
to the threshold?

Where did you place your fears, Georgia?
There is no time for fear.
Too much to do
you answer back again.

33.

Que hiciera preguntas era una bendición.
Que hubiera preguntas por hacer
Que Dios, mi intuición, como un pájaro azul
dispusiera preguntas y las hiciera.
Que recibiera respuestas de lo desconocido.
Que estudiara lo desconocido.
Que el miedo aunque llegara,
no se quedara ni se apoderara
por demasiado tiempo.
Como amaba la palabra *hacia,*
su impulso hacia adelante
y el hecho de que exista
una línea de horizonte.

33.

That I asked questions was a blessing.
That there were questions to be asked.
That God, my intuition, like a blue bird
set questions up and asked them.
That I received answers from the unknown.
That I studied the unknown.
That fear though it arrived
did not stay or take
over for too long.
How I loved the word *hacia*
moving towards
and that a horizon line
exists.

34.

Zachary 12th grade

Soy la flor que su boca abre
cantando alabanzas al día,
estirándose para ser más,
pues al alabar
nos olvidamos de nosotras mísmas
y respondemos al sol,
a las vastas distancias azules,
al océano – estamos abiertas.
Somos delicadas.
Somos resilientes.
Estamos vivas.

34.

Zachary 12th Grade

I am the flower opening its mouth
singing praise for the day
stretching to be more
for in praising
we forget ourselves
and answer the sun
the vast blue distances
the ocean - we are open.
We are delicate.
We are resilient.
We are alive.

Tatum 11th grade
Leman Manhattan School

Alexandra delicadamente entreteje los hilos de la conexión humana y la resiliencia, con un espíritu colaborador e inspirador. A través del diálogo sincero, ella desvela la esencia que nutre y la inocencia de la humanidad inculcando sus versos con esperanza y consuelo. Con un corazón abierto, ella extiende una invitación a adherirse a un viaje colectivo hacia una mañana más luminosa, donde la creatividad florece en medio de la adversidad. En el abrazo de sus palabras, la pureza y la esperanza se entrelazan, tejiendo una sinfonía sentida de resistencia y posibilidad pintando el lienzo de nuestra existencia con tintes de optimismo y del amor.

NARGES ANVAR
Educadora de las artes visuales
Riverdale Country School
Bronx, New York

Alexandra delicately intertwines threads of human connection and resilience, with a collaborative and inspiring spirit. Through sincere dialogue, she unveils the nurturing essence and innocence of humanity, imbuing her verses with hope and solace. With an open heart, she extends an invitation to join in a collective journey towards a brighter tomorrow, where creativity flourishes amidst adversity. In the embrace of her words, purity and hope intertwine, weaving a heartfelt symphony of resilience and possibility, painting the canvas of our shared existence with hues of optimism and love.

NARGES ANVAR
Visual Arts Educator
Riverdale Country School
Bronx, New York

ACERCA DE LA AUTORA

Alexandra Newton Ríos, poeta bilingüe, Latinx, traductora, profesora, nacida en Manhattan, madre de cinco bellos hijos, fondista, ha estado viviendo en la pequeña ciudad de San Miguel de Tucumán, Argentina. Se graduó de la Universidad de Iowa con una maestría en inglés del Writers' Workshop y una maestría en traducción en literatura comparada. Sus mentores alli fueron Daniel Weissbort, fundador con Ted Hughes de *Poetry in Translation* y el poeta muy querido mundialmente Marvin Bell. Egresó de Sarah Lawrence College con una licenciatura y de The Chapin School en la ciudad de Nueva York.. Participó en 2004, 2009 y 2010 en la Feria Internacional del Libro de Buenos Aires invitada por la Embajada de Estados Unidos. Ella cree ferozmente en la importancia de proteger la inocencia en un tiempo de injusticia y guerra en el mundo. Ahora más que nunca se necesitan poetas y escritores como portadores de la esperanza para los demás.

Obras publicadas: *The Light of Argentina: a Philosophy Diary Conversations with Hannah Arendt* (Ediciones Magna, 2014 no ficción narativa); *Amaicha: Language Lost and Found* (Ediciones Magna, 2009); *The Grace Poems/Poemas de la gracias* (Ediciones Magna, 2004; *Cielo. Cielo. Cielo.* (Ediciones Magna, 2002).

ABOUT THE AUTHOR

Alexandra Newton Ríos, bilingual, Latinx poet, translator, professor, born in Manhattan, mother to five beautiful children, marathon runner, has been living in the small city of San Miguel de Tucumán, Argentina. She graduated from the University of Iowa with an MFA in English from the Writers' Workshop and an MFA in Translation in Comparative Literature. Her mentors there were Daniel Weissbort, founder with Ted Hughes of *Poetry in Translation* and much loved in the world poet Marvin Bell. She graduated with a BA from Sarah Lawrence College and from The Chapin School in New York City. She participated in 2004, 2009 and 2010 in the Buenos Aires International Book Fair invited by the American Embassy. She believes fiercely in the importance of protecting innocence in a time of injustice and wars in the world. Now more than ever poets and writers are needed as bearers of hope to others.

Published work: *The Light of Argentina: a Philosophy Diary Conversations with Hannah Arendt* (Ediciones Magna, 2014 narrative nonfiction); *Amaicha: Language Lost and Found* (Ediciones Magna, 2009); *The Grace Poems/Poemas de la gracias*(Ediciones Magna, 2003; *Cielo. Cielo. Cielo.* (Ediciones Magna, 2002).

ÍNDICE/INDEX

Poemas de Georgia
The Georgia Poems

Prólogo · 11
Prologue · 17

Palabras de la poeta · 24
The poet's words · 25

Poemas de Georgia · 30
The Georgia Poems · 31

Epílogo · 132
Epilogue · 133

Acerca de la autora · 136
About the Author · 137

DREAM'S EVE
VÍSPERA DEL SUEÑO
Hispanic American Poetry in Untited States
Poesía hispanounidense

Homage to Aida Cartagena Portalatin (Dominican Republic)

1
¿Qué bestia escoges hoy para morir?
Nilton Maa

2
Lejano cuerpo
Franky De Varona

3
Silencio diario
Rafael Toni Badía

4
La eternidad del instante / The Eternity of the Instant
Nikelma Nina

5
Poemas de Georgia / The Georgia Poems
Álexandra Newton Ríos

6
Verano Muerto
Ángel García

POETRY
COLLECTIONS

ADJOINING WALL
PARED CONTIGUA
Spaniard Poetry
Homage to María Victoria Atencia (Spain)

BARRACKS
CUARTEL
Poetry Awards
Homage to Clemencia Tariffa (Colombia)

CROSSING WATERS
CRUZANDO EL AGUA
Poetry in Translation (English to Spanish)
Homage to Sylvia Plath (United States)

FIRE'S JOURNEY
TRÁNSITO DE FUEGO
Central American and Mexican Poetry
Homage to Eunice Odio (Costa Rica)

INTO MY GARDEN
English Poetry
Homage to Emily Dickinson (United States)

I SURVIVE
SOBREVIVO
Social Poetry
Homage to Claribel Alegría (Nicaragua)

LIPS ON FIRE
LABIOS EN LLAMAS
Opera Prima
Homage to Lydia Dávila (Ecuador)

LIVE FIRE
VIVO FUEGO
Essential Ibero American Poetry
Homage to Concha Urquiza (Mexico)

FEVERISH MEMORY
MEMORIA DE LA FIEBRE
Feminist Poetry
Homage to Carilda Oliver Labra (Cuba)

REVERSE KINGDOM
REINO DEL REVÉS
Children's Poetry
Homage to María Elena Walsh (Argentina)

STONE OF MADNESS
PIEDRA DE LA LOCURA
Personal Anthologies
Homage to Julia de Burgos (Argentina)

TWENTY FURROWS
VEINTE SURCOS
Collective Works
Homage to Julia de Burgos (Puerto Rico)

VOICES PROJECT
PROYECTO VOCES
María Farazdel (Palitachi)

WILD MUSEUM
MUSEO SALVAJE
Latin American Poetry Collection
Homage to Olga Orozco (Argentina)

OTHER COLLECTIONS

Fiction
INCENDIARY
INCENDIARIO
Homage to Beatriz Guido (Argentina)

Children's Fiction
KNITTING THE ROUND
TEJER LA RONDA
Homage to Gabriela Mistral (Chile)

Drama
MOVING
MUDANZA
Homage to Elena Garro (Mexico)

Essay
SOUTH
SUR
Homage to Victoria Ocampo (Argentina)

Non-Fiction/Other Discourses
BREAK-UP
DESARTICULACIONES
Homage to Sylvia Molloy (Argentina)

© Sponsor:
Bicultural **Com**munity of the **A**mericas

For those who think as Aida Cartagena Portalatín que *Worlds of tired feet / will rest. Memory's thirst/ will have the rain of forgetting./ My bed will be soft on the thistles;/ I'll dream of seedheads, it's eve of the dream.* , this book was published November 2024 in the United States of America.

www.ingramcontent.com/pod-product-compliance
Lightning Source LLC
Chambersburg PA
CBHW050554160426
43199CB00015B/2654